NOUVELLE MÉTHODE DE LECTURE

PAR J. CARRÉ, INSTITUTEUR.

1er PROCÉDÉ :
- 1er TRAVAIL : L'élève apprend les voyelles.
- 2e TRAVAIL : L'élève apprend les consonnes du premier exercice : b, c, d, f.
- 3e TRAVAIL : L'élève lit le premier exercice en épelant : b, a, ba; b, e, be; etc.

AVIS. Quand l'élève sait le premier exercice, il passe au deuxième, puis au troisième, etc., en procédant comme il vient d'être dit.

VOYELLES SIMPLES.

CONSONNES SIMPLES.	a	e	é	è	ê	i	o	u	y
be — b	ba	be	bé	bè	bê	bi	bo	bu	by

PREMIER EXERCICE.

		a	e	é	è	ê	i	o	u	y
be	b	ba	be	bé	bè	bê	bi	bo	bu	by
que	c	ca	»	»	»	»	»	co	cu	»
de	d	da	de	dé	dè	dê	di	do	du	dy
fe	f	fa	fe	fé	fè	fê	fi	fo	fu	fy

DEUXIÈME EXERCICE.

		a	e	é	è	ê	i	o	u	y
gue	g	ga	»	»	»	»	»	go	gu	»
je	j	ja	je	jé	jè	jê	ji	jo	ju	jy
le	l	la	le	lé	lè	lê	li	lo	lu	ly
me	m	ma	me	mé	mè	mê	mi	mo	mu	my

TROISIÈME EXERCICE.

		a	e	é	è	ê	i	o	u	y
ne	n	na	ne	né	nè	nê	ni	no	nu	ny
pe	p	pa	pe	pé	pè	pê	pi	po	pu	py
re	r	ra	re	ré	rè	rê	ri	ro	ru	ry
se	s	sa	se	sé	sè	sê	si	so	su	sy

QUATRIÈME EXERCICE.

		a	e	é	è	ê	i	o	u	y
te	t	ta	te	té	tè	tê	ti	to	tu	ty
vu	v	va	ve	vé	vè	vê	vi	vo	vu	vy
xe	x	xa	xe	xé	xè	xê	xi	xo	xu	xy
ze	z	za	ze	zé	zè	zê	zi	zo	zu	zy

a b c ç d e f g h (ache) i j k l m n o

p q r s t u v w x y z

2e PROCÉDÉ. — Quand l'élève sait lire en épelant, faites lire sans épeler, en allant de gauche à droite, et de droite à gauche, en descendant ou en remontant les colonnes.

3e PROCÉDÉ. — Le moniteur dit : Montrez a, montrez b, montrez ba, di, vi, etc. (C.)

L'auteur signe tous les exemplaires.

ÉCOLES PRIMAIRES.

NOUVELLE MÉTHODE DE LECTURE

PAR J. CARRÉ, INSTITUTEUR.

SALLES D'ASILE.

N° 2.

PROCÉDÉS : L'élève continue l'étude des lettres et des syllabes.
Lorsque l'élève sait lire en épelant, on l'habitue à lire sans épeler.
Le moniteur fait montrer les syllabes : montrez **ba**, montrez **la**, etc.

AVIS : Pour arriver plus vite à la lecture courante, on habitue l'élève à épeler mentalement.

VOYELLES ET CONSONNES.

a b c ç d e é è ê f g h i j k

l m n o p q r s t u v w x y z

SYLLABES.

pa	mi	ba	co	de	fi	gu	je	ke	ro	su
be	vo	mu	ni	pe	ra	so	va	ju	li	ma
do	ne	xa	ze	wa	bi	cu	ça	du	fe	gu
ça	no	ga	je	ji	ko	le	ma	ne	ra	vi
bé	ki	su	ca	to	vè	za	vu	to	mi	co
fy	mè	re	pa	tê	mé	ri	my	go	fu	pi
pu	la	d'é	çu	cu	ca	do	bu	ca	bi	du
re	no	du	bo	pi	le	va	co	le	dê	to
zi	to	fi	lè	me	po	sa	vi	zé	xe	pa
si	ju	vo	ré	d'u	ju	na	lu	ro	li	cu
su	re	né	dy	py	vè	ry	ki	té	ra	jè

MOTS.

a mi	mi di	zé ro	bo a	lu ne	eu ré	ma re	vê tu
é té	do do	du ré	fè ve	fa de	zè le	pâ té	si lo
â ne	ra vi	pu re	ki lo	no te	ri de	da me	pa ri
é mu	sè ve	mo de	ro be	mu le	dé fi	rê ve	bê te
é cu	o ve	ri me	ri dé	ma ri	cô té	jo li	vi de

î le	â me	ra me	pè re	ru de	pa vé	ri xe	ga re	ké pi	cô te
a re	a xe	sa li	bi le	ca ne	tê tu	ga ze	ri ve	li mé	bi bi
a pi	é pi	a mi	ta pé	fu mé	bu re	go bé	no te	pâ le	ty pe
ô té	è ve	do ré	so lo	re çu	ri re	mè re	ju ré	no ta	dô me
u ne	o de	mi ne	da da	la ça	cu ve	ta xe	du ne	pa ru	ju ry

Meaux. — Imprimerie J. CARRO.

PROCÉDÉS :
- L'élève apprend les majuscules en les comparant avec les minuscules.
- Lire d'abord en épelant, puis sans épeler.
- Le moniteur nomme **F** majuscule, l'élève le montre ; le moniteur montre **Jo** - **H** l'élève le lit.

MAJUSCULES.

aA bB cC dD eE fF gG hH iI jJ kK lL mM
nN oO pP qQ rR sS tT uU vV xX yY zZ

MOTS.

A vi de	tu li pe	so no re	morale	bobine	carabine
é co le	vé ri té	ma la de	façade	cabane	galopade
a va re	vo lu me	pa ra de	marine	figure	caravane
é vi dé	to pa ze	do ru re	timide	jujube	jacobine
é ga ré	sa me di	pa le tot	filera	rapide	moralité
i do le	na tu re	ca po te	navire	salade	unanime
u ni té	mo dé ré	so li de	réuni	remède	divinité
a me re	se pa ré	fi dè le	Jérôme	galère	négative

Une pipe	une dame	une tulipe	le modèle	la parade
une robe	l'école	le légume	la dorure	du solide
la mère	du café	le navire	le numéro	une topaze
le dada	une rave	la figure	la sureté	le fidèle
le pape	la vipère	une rame	une note	la farine
une mode	le modèle	le canari	la façade	ta capote
la rame	une salade	la parure	la lune	la cabane
le zèle	du jujube	sa capitale	la nature	le samedi

PHRASES.

Le volume utile, la pilule amère, la cabane solide, la morale pure, du café moka, une école modèle, l'ami fidèle, du jujube doré, la rixe fatale, le rôti salé, le joli canapé, le pavé uni, le père adoré, la vérité utile, une tête malade, l'arabe nomade, le demi-kilo, la dure vérité, le modèle imité, le diné fini, la pilule fade, la lime rude une parole rapide, la morale sévère, une cave vide, l'olive mure, la fête utile.

Meaux. — Imprimerie J. CARRO.

PROCÉDÉS :
1° L'élève continue l'étude des majuscules.
2° L'élève étudie les minuscules italiques.
3° Le moniteur dit : Montrez E majuscule, — Montrez r italique, etc.

MAJUSCULES.

A B C D E F G H I J K L M N
O P Q R S T U V X Y Z

MINUSCULES. — ITALIQUES.

a b c d e f g h i j k l m
a b c d e f g h i j k l m

n o p q r s t u v w x y z
n o p q r s t u v w x y z

PHRASES.

La morale pure, le pâté doré, la parole dure, le rôti salé, une figure pâle, le zèle du pilote, la robe de bure, le délire du malade, du jujube doré, de la fine farine, la pilule amère, une fidélité rare, le zèle de la vérité, la caricature ridicule, le père de la nature, la robe de ma mère, la dureté de la topaze, le calorifère de la cave, la cavale galope, adore ta mère, la lune se lève, le café fume, Zulime filera, le navire sera béni, vénère ta mère.

L'étude sera utile. Le curé lira la parole divine. L'élève a été puni. L'été ranime la nature. Zoé a une robe d'été. Valéry a été à Rome. Côme a dérobé un dé. Sa mère le punira. Emile a été poli. Réné a vu la lune. Valère a une jupe d'été. Mina sera fidèle. Taté sera malade. Olive salira sa robe. Supéry a bu du café. La vérité de la parabole. La pipe de papa fume. Le sofa se salira. Malo va à l'école. Lady a sali sa jupe. Jérôme a été puni. La nature révèle la Divinité. Emile ira à l'Opéra. Le pilote timide sera égaré. Le curé me bénira. Adore ta mère.

ÉCOLES PRIMAIRES. SALLES D'ASILE. N° 5.

NOUVELLE MÉTHODE DE LECTURE

Par J. CARRÉ, instituteur.

VOYELLES COMPOSÉES.

PROCÉDÉS :
- 1er TRAVAIL : — L'élève apprend les signes composés.
- 2e TRAVAIL : — L'élève lit les syllabes en épelant, puis sans épeler.
- 3e TRAVAIL : — Le moniteur fait montrer les signes composés.

eu	**œu**	**ai**	**ei**	**au**	**eau**	**oi**	**ou**
e	e	è	è	o	o	ou	--

an	**am**	**en**	**em**				
in	**im**	**yn**	**ym**	**ain**	**aim**	**ein**	
on	**om**	**--**	**un**	**um**	**--**	**ien**	(i-in)

CONSONNES COMPOSÉES.

ch gn ill ph qu

EXERCICE.

ai	eu	an	ien	ai	in	au	em	ei	eau	au
on	ain	ch	ou	en	qu	im	un	ai	oi	un
in	om	ein	ou	ph	eau	an	aim	gn	ou	on
ill	ein	gn	ei	au	ien	an	ein	um	ph	un
au	yn	ou	ill	oi	ch	eu	ien	ill	on	aim
en	ai	ei	eau	au	gn	on	oi	ain	ym	eu
ym	ch	am	om	qu	en	ill	yn	ph	un	um

SYLLABES.

c au	b eu	l' an	s im	z an	g au	n yn	v eau	j oi
l en	c ai	m ei	t yn	ill on	j au	p in	x an	r in
r oi	d ei	n en	ch in	b om	l eau	qu' à	z em	x in
ch a	f au	p an	v am	d un	t ien	r un	ch ou	l'un
ph o	x im	qu e	gn on	c ou	ph a	r oi	qu' on	ill ou

bon	feu	gna	phan	illan	coi	çon	xon	toi	son	rou	can
veu	ran	mou	bom	tun	pein	çoi	zin	çai	illou	non	soi
bœuf	bin	lai	d'eau	cou	gon	pei	kan	mien	can	taim	roi
tym	son	tem	lien	qu'im	illa	vain	rem	beau	coi	phan	illa
lon	chou	lim	nym	gni	meu	don	çan	tau	reu	noi	qu'un

Meaux. — Imprimerie J. CARRO.

PROCÉDÉ :
1ᵉʳ TRAVAIL. — L'élève continue l'étude des signes composés.
2ᵉ TRAVAIL : — L'élève lit en épelant puis sans épeler.
3ᵉ TRAVAIL. : — Le moniteur fait montrer.

VOYELLES ET CONSONNES COMPOSÉES.

eu œu ai ei ay ey au eau oi oy ou
an am en em
in im yn ym ain aim ein
on om - un um - ien
ch gn ill ph qu

MOTS.

Pâ té	lai ne	pei ne	che veu	fa ri ne	su ze rain
rô le	pa cha	pa ille	cha peau	mu ra ille	co lom be
li me	tei gne	co ton	gau le	ca pi tan	sym bo le
on ze	bou ton	jeu di	ju meau	vo lon té	ou ra gan
mè re	ne veu	pou le	nym phe	cho pi ne	con fi tu re
an se	toi le	li gne	ban de	qua ran te	fon tai ne
on de	bom be	bou le	tou ché	gon do le	mon ta gne
im bu	san té	au be	é tain	fu ta ille	Va len tin

Inde	poire	combien	Aveyron	tanche	voiture	défunte
Chine	soutien	moulin	symbole	tente	capuchon	étendu
Oran	mouton	bouchon	chopine	penché	demande	méridien
Dijon	chemin	maçon	dignité	lança	écouté	mémoire
Melun	timon	gâche	châtaigne	mouche	labouré	indigne
Pérou	pompe	chyme	Antonin	bouteille	pensera	embaumé

De la salade, un moulin, la campagne, mon couteau, la tanche, une panade, ton château, un moucheron, un lapin, la pompe, le chameau, du boudin, un cantique, mon ruban, son moulin, le vigneron, une soutane, le lundi, la poire, ton bouton, un chardon, le fantôme, son gâteau, de l'acajou, la mémoire, ma dignité, une chopine, un capuchon, la route, le comte, le baron.

Meaux. — Imprimerie J. CARRO.

PROCÉDÉ : — Faites lire sans épeler, en ramenant au besoin à l'épellation.

VOYELLES ET CONSONNES COMPOSÉES.

eu œu ai ei ay ey au eau oi oy ou
an am en em
in im yn ym ain aim ein
on om - un um - ien
ch gn ill ph qu

LECTURE COURANTE.

L'étoile polaire, le sou rouillé, le joli pinson, un bon roi, le lundi matin, le beau couteau, la reine du salon, la laine du mouton, le poteau de la route, le joujou du poupon, le gâteau de roi, le bureau blanchi, l'aurore pâle, la morale sévère, la taille de la vigne, une futaille vide, le bouillon de la soupe, le voile de maman, le bâton du pèlerin, un pantalon de toile, le moulin de mon père, la charité de ma tante, le timon de la voiture, le pari gagné, la buche fume, la vache rumine, le mouton bêle, la mouche vole, la poule couve, le pinson chante.

On aime un élève poli. Toute peine mérite salaire. La charité anime le riche. Paulin a un bambou. J'ai vu un beau pinson. On bénira le rameau. Laure a vu une baleine, Pauline aura de la peine. Voilà un bureau d'acajou. Madeleine a ri de toi. Emile aura un joli couteau. J'ai coupé un beau rameau. Paulin a bien su sa leçon. Laure aime son bon papa. Aubin fera la charité. L'aurore ranime la nature. Le feu de sapin dure peu. Le bouillon te fera du bien. Le pécheur aime le goujon. Lady a une robe neuve.

Meaux. —Imprimerie J. CARRO.

ÉCOLES PRIMAIRES. — SALLES D'ASILE. — N° 8.

NOUVELLE MÉTHODE DE LECTURE

PAR J. CARRÉ, INSTITUTEUR.

PROCÉDÉS : Faites lire sans épeler : **ba l - mo l - pou r - bœu f**, comme s'il y avait : **ba le - mo le - pou re - bœu fe.**
Si vous préférez épeler, épeler : **b - a - l bal - m - o - l mol - p - ou - r pour - b - œu - f bœuf.**

RAPPEL DES SIGNES COMPOSÉS.

eu	**œu**	**ai**	**ei**	**ay**	**ey**	**au**	**eau**	**oi**	**oy**	**ou**
an	**am**	**en**	**em**	**on**	**om**	**un**	**um**	**ien**	**in**	**im**
yn	**ym**	**ain**	**aim**	**ein**	**ch**	**gn**	**ill**	**ph**	**qu**	

SYLLABES CLOSES OU INVERSES.

ba l	**ba r**	**mo l**	**bi l**	**so c**	**di f**	**be l** (1)
da l	**da r**	**to r**	**bi r**	**pi c**	**gu l**	**be r**
ga r	**ma l**	**so l**	**di l**	**po l**	**cu r**	**se c**
ca l	**pa r**	**do r**	**ni r**	**mo l**	**mu r**	**te r**
ta l	**na r**	**bo r**	**ta c**	**su r**	**bi f**	**se l**

pai r	**peu r**	**poi r**	**pou r**	~~bœuf~~	~~paut~~		
dai r	**deu r**	**doi r**	**dou r**	**dœu f**	**dan g**	**seu l**	**tin c**
lai r	**leu r**	**loi r**	**lou r**	**cœu r**	**pon c**	**tou l**	**sau l**
mai r	**gneu r**	**choi r**	**jou r**	**sœu r**	**neu f**	**chai l**	**gneu l**

EXERCICE.

col	**pac**	**soir**	**bos**	**bour**	**chef**	**cap**	**voir**	**poil**
var	**suc**	**mal**	**toir**	**mer**	**mor**	**bouc**	**gnol**	**maul**
ser	**dor**	**gnal**	**car**	**zinc**	**myr**	**far**	**illir**	**bœuf**
tir	**queur**	**seul**	**sol**	**illeur**	**toul**	**mur**	**quar**	**neuf**
illar	**gnar**	**noir**	**fer**	**jec**	**cheur**	**phar**	**mor**	**sœur**

MOTS.

Mar tin	**si gnal**	**for me**	**vol te**	**cha leur**	**bar be**
Fir min	**gol fe**	**far deau**	**sou pir**	**four ni**	**im pair**
Vic tor	**jas min**	**toc sin**	**per te**	**li queur**	**cal cul**
Ab ner	**re tour**	**zé phire**	**bor gne**	**dog me**	**ar me**
Mo ab	**boi ra**	**cap tif**	**im pur**	**dor toir**	**for mel**

(1) *e* dans les syllabes closes se prononce *é*.

Meaux. — Imprimerie J. CARRO.

PROCÉDÉ : — Faire lire sans épeler en ramenant au besoin à l'épellation.

LECTURE COURANTE.

Une larme	le tarif	un canif	un cheval	ton atlas
du mastic	il boira	le carton	un balcon	la bordure
un dortoir	du cordon	un fardeau	son journal	le bateau
sa garde	ta bonté	ma perle	le recteur	un bonjour
la barbe	un calcul	le dogme	une liste	l'alambic
un volcan	le golfe	la marne	ma tartine	un mardi
la perte	le retour	un lundi	ta lecture	le vacarme
un sapeur	une ferme	la valse	un jardin	ta lanterne
mon jardin	ta bourse	une borne	le vautour	ma cravate

PHRASES.

Le garde malade. La peau du castor. La petite arbalète. Le cheval fourbu. Partir de Rome. La porte verte. Le noir du Sénégal. Le retour de Victor. Un dur mastic. La bonté divine. Une cabane de pêcheur. Le canal débordé. L'orgue réparé. La morsure de la vipère. L'orbite de la lune. Un jardin labouré. Le noir corbeau. Le caractère loyal. Le mal de Zoé. La récolte du vin. Le château royal. Un soupir écouté. La corde de l'arc. Le sermon du curé. L'étude du calcul.

Le remède calme la douleur. Qui cultivera, récoltera. Le carnaval a été animé. Bonaparte gagna la bataille d'Arcole. Victor a vu le conducteur. Martin boira de bon vin. Paul a cultivé son jardin. Voilà un bel insecte. Sylvain écouta le sermon. Le poltron vante sa valeur. L'air pur te fera du bien. Le cheval borgne sera réformé. Le fil a été tordu à la filature. Je lirai le journal du soir. La meule du moulin tourne bien. Adolphe retourna la carte. La récolte sera abondante. La foi animera le martyr. Eléna aime la lecture. ma mère partira mardi. La chaleur du calorifère. L'élève fera son devoir. L'Empereur a remporté la victoire à Solférino.

PROCÉDÉS :
{ Faites lire sans épeler : **b la - p rum - e re - t rou**, comme s'il y avait **be la - pe rum - e re - te rou.**
{ Si vous préférez épeler, dites : **b - l a - bla — p - r - un - prun — c - r - e - cre — t - r - ou - trou.**

DES DIPHTHONGUES CONSONNES.

b la	c le	g li	f lo	p lu	b leu	c lan
b lan	c lin	g loi	f lon	p lei	b loi	c lain
b ra	c re	g ri	f ro	p ru	d ra	t rin
b ran	c rin	g ron	f roi	p rum	d ray	t rou
s té	s ta	s qua	s vin	s ca	s mo	ph ra

EXERCICE.

bla	plu	flou	flon	bloi	bra	dra	bran	drai	pli
cle	bleu	blan	fro	clain	cre	tri	crin	bla	phli
gli	clan	clin	plei	gla	gri	vray	gran	trau	stra
vro	glo	gloi	prei	cri	pru	phra	prum	vre	gro
flu	gri	vrai	froi	flau	gru	bray	brou	vron	scla

MOTS.

bri de	plu me	glan de	trai te	bro che	plain te
sa bre	gra ve	clo re	cru che	frau de	qua tre
clo che	so bre	gloi re	froi de	fou dre	cré pi
pru ne	li vre	plei ne	om bre	rem pli	vi vre
vi tre	a cre	fleu ve	grim pa	cha peau	som bre

La porte	un arbre	le temple	du mastic	un trou
ma plume	la bride	une branche	le cadran	un pré
un flacon	le crible	le refrain	une fleur	le crin
le baron	un mètre	du trèfle	le marbre	du flan
un dragon	la broche	la gloire	le livre	la lèvre
le cadran	un aigle	le rustre	ta montre	une fève

PROCÉDÉ : — Faites lire sans épeler en ramenant au besoin à l'épellation.

LECTURE COURANTE.

Du plâtre, un nègre, la table, un crible, l'aigle, la crème, une flèche, mon titre, le déclin, un mardi, ta montre, une cravate, la planète, ton écriture, la flore, ma gravure, son couteau, le vendredi, une brigade, la friture, notre étable, votre promenade, l'astronome, une marguerite, la propreté, ma victoire, le psaume, la tribune, le taureau, une victime, une brochure, la grenouille, le drapeau, un spectacle, un abreuvoir.

PHRASES.

Le noble cheval, le cadre doré, du sucre pilé, du blé criblé, la jaune friture, la cravate noire, la gravure verte le tribunal juste, un fleuve franchi, la fleur blanche, la plume neuve, le miracle prouvé, une tache noire, un cadran solaire, le dur mastic, le noir couteau, une crinoline neuve, la criblure du blé, la vigne productive, une liqueur blanche, un couteau ébréché, un peigne d'écaille, le zéphire du soir, un chapeau de paille, un épi de blé, une clé de montre, le troupeau de la ferme, l'aigle de la montagne, le déclin du jour, la grenouille du pré, un bloc de marbre, le chapitre du livre, un brin de paille.

Préfère l'utile à l'agréable. Éloigne de toi le fourbe. Évite le prodigue. Le tigre dévore sa victime. Prosper plantera le drapeau. Le pasteur garde le troupeau. L'élève ira en groupe. La colère du Seigneur sera grande. Le pécheur l'éprouvera. On mène le bœuf au labour. La gloire marche avec le drapeau. Le maître a rétabli l'ordre. Le prodigue se repentira. La propreté révèle l'ordre.

Meaux. — Imprimerie J. CARRO.

PROCÉDÉ : L'élève lit les diphthongues par deux émissions de voix : **bi - a - pi - on -**, en faisant de moins en moins sentir le premier son. Si on préfère épeler, on dira : **b - i - a bia — p - i - on pion.**

DIPHTHONGUES VOYELLES.

bi a	bi é	bi è	bi o	bo in	bi au	bu an
di a	di é	di è	di o	dou i	di au	di eu
ti a	ti é	ti è	ti o	tu in	ti eu	ti an
pi a	pi é	pi è	pi o	pu i	pi on	pi eu

EXERCICE.

fi a	si é	li é	vi o	ni é	li o	vi o	py o	fu i
ni é	mi a	zi é	fi o	xi é	lu i	sou i	lu i	tu i
bri é	bri o	fri a	tri é	pri é	tri o	po in	pli é	fo in
mi au	pi eu	ti an	li on	lou i	pu i	vi eu	su in	li ai
bi al	vi er	ti er	pu i	~~to in~~	fu i	bi an	~~di eu~~	

fia	fio	liai	lai	tien	toin	foin	lion	dian	sion
bien	bia	boa	lié	vié	vio	viai	pieu	peu	lin
fion	pion	tui	soin	mien	tien	vian	vieu	von	foui
fei	sion	biai	pui	piau	pia	vien	pié	loui	via
moi	fié	tieu	lien	chien	dieu	vieu	vio	trui	zié

MOTS.

Luire	pioche	fiacre	pensif	période	oindre	amitié
viande	violon	étui	soigné	oublié	lampion	soupière
violé	foire	bière	fuite	diable	diantre	sixième
sainte	fiole	laine	piano	lieu	piété	diadème
teinte	fière	liane	ratafia	adieu	viatique	septième

La fiole, une bière, un fiacre, mon amitié, le lampion, le lièvre, de la viande, du cuivre, la lumière, ma tabatière, de la laine, du ratafia, la piété, une période, une impériale, la reliure, mon violon, sa grandeur, une fouine, du suif, une fleur, la bataille, un pieu.

Meaux. — Imprimerie J. CARRO.

PROCÉDÉ : — Faites lire sans épeler, en revenant à l'épellation au besoin.

LECTURE COURANTE.

Un dieu	la viande	une pointe	la période	une teinte
le brou	un chien	la fiole	une ratière	un témoin
le pion	le milieu	la pension	la tourtière	la réunion
un trou	la Suède	la truite	une reliure	une rivière
du suif	le diacre	un idiome	le soutien	la diète
le juif	un indien	le viatique	l'épieu	la volière
un lieu	le lampion	la laitière	la fièvre	le crayon
du flan	le piéton	la toiture	la matière	la syntaxe

PHRASES.

La viande cuite, un chien fidèle, le violon sonore, le crayon noir, la rivière profonde, la reliure neuve, un idiome italien, une robe blanche, un témoin entendu, une réunion nocturne, une œuvre charitable, le roi de Suède, la pension de ma sœur, la suite du roi, la volière du parc, la laitière de la fable, la pointe du couteau, le milieu du jour, un soutien de famille, une salière de cristal, l'impériale du wagon, un mouchoir de batiste, le lion d'Afrique, le jardin du château, un manteau de pourpre, la voiture de l'empereur, un trognon de chou.

Adore Dieu. Respecte ton prochain. Aime la vertu. Pratique la charité. La prière élève l'âme. Le malade a reçu le viatique. La carpe aime l'eau dormante. La truite préfère une eau vive. Papin inventa la machine à vapeur. Notre planète tourne sur son axe. Salomon régna à la suite de son père David. Clovis a gagné la bataille de Tolbiac. Un cap ou promontoire forme le Finistère.

VALEURS EXCEPTIONNELLES.
Le **c** placé devant **e, i, y**, se prononce **s** – ce ci cy.
Le **g** placé devant **e, i, y**, se prononce **j** – ge gi gy.

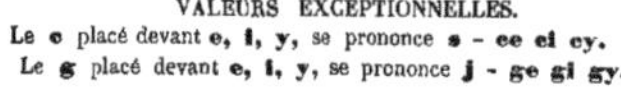

ce cé cè cê ci cy ge gé gè gê gi gy
se sé sè sê si si je jé jè jê ji jy

cela	cité	gelé	gibe	reçu	gage	sage	cirage
ceci	cire	gêne	gite	face	ciel	large	image
cèdre	ciron	genou	giron	cage	juge	âge	garçon
caché	coche	gâté	goûté	curé	coque	Acy	stage

La double consonne s'attribue à la syllabe suivante.

Pa tte	bo sse	co nnu	la sse	canne	nourri	butte
ba lle	gri ffe	bu lle	pa tte	occupé	flamme	datte
mou sse	ma sse	co lle	gra ppe	attendu	moisson	sonne
cla sse	ba rre	a bbé	ma sse	attaché	ballon	folle

La lettre **h** est nulle dans les mots suivants.

Habile hibou homme haine hache hommage
herse hangar rhume thème trahir cahoté ther-
mal hauteur choléra chrétien Christ plinthe

s entre deux voyelles se p ononce **z**.

Aise pose cause voisin base rusé maison chose dose
thèse rasade besoin raser désaveu désavantage désas-
tre fraise cousine toison cloison désunion cuisine
curieuse artisan blouse oiseau faisan chaise poison

La voyelle surmontée d'un tréma (¨) se prononce séparément.

Moïse Saül naïf Sinaï ciguë laïque Thébaïde haïr
Héloïse Esaü héroïque stoïque arguë Zoïle mosaïque

ti se prononce **si** dans les mots suivants :

Nation portion mention ration action dévotion initial
ambition faction mutation fraction tentation sanction
fiction caution martial partiel patience condition
fonction Bastien satiété insatiable potion section

Meaux. —Imprimerie J. CARRO.

VALEURS EXCEPTIONNELLES.

ce cé cè cê ci cy ge gé gè gê gi gy
se sé sè sê se se je jé jè jê ji ji

et est les des ces mes tes ses ail eil
é è lè dè cè mè tè sè a ille e ille

e DEVANT UNE DOUBLE CONSONNE SE PRONONCE è.

elle dette nacelle antenne savonnette réveilla palette
messe verrou sensuelle étiquette allumette paresseuse
essence binette abbesse traitresse souplesse caresse nou-
velle vaisselle verre terre.

LES FINALES er, ez SE PRONONCENT é.

Manger danger dîner berger plancher boucher danser
porter aimer marcher venez parlez sortez allez dormez
chantez voyez soyez ayez portiez priez parliez montiez
sortiez contiez forgiez vouliez épicier rentier soulier
portier sommier prunier fraisier pommier poirier bou-
quet navet banquet sujet ourlet beignet œillet bosquet
rouget mangea forgea rongea rougeole bourgeon
fourgon rangea fatigua examiner exil exercice exorde
sœur objection soleil sommeil pareil réveil éventail portail

LETTRES NULLES A LA FIN DES MOTS.

Bergers bouchers écoliers élèves tables maisons moulins
tapis logis velours jaloux honteux frileux heureux
peureux doux brumeux toux enfant moment défaut
profit conduit roulant sabot début salut regard réchaud
accord criard sourd fond retard Madrid Paris Gand
denrée soirée hostie étendue jalousie hottée outil persil
fournil fusil baril chenil flux droit froid tabac.

PROCÉDÉ. — Faites lire sans épeler en revenant au besoin à l'épellation.

LECTURE DES MAJUSCULES.

EU OEU AI EI AY EY AU EAU OI OY OU
eu œu ai ei ay ey au eau oi oy ou

AN AM EN EM ON OM UN UM IEN IN IM
an am en em on om un um ien in im

YN YM AIN AIM EIN CH GN ILL PH QU AIL
yn ym ain aim ein ch gn ill ph qu ail

AN EU GN AM OEU AIN AI EN EY UN EAU OY ILL PH IN AIL

EY AIM EM AY EYN ON CH OM AU GN UM OU IEN OI QU IM

EUROPE ANGE NYMPHE ŒUVRE FLAMBEAU AINSI ENCRE
DÉFUNT TOMBEAU PAILLE INCOLORE PHOQUE TRAVAIL
PEINE FAIM EMPIRE SAVENAY AVEYRON ONCLE CHAUME
MONTAGNE OMBRE POUTRE QUATRE TOILE SUCRE FABRIQUE
SOCIÉTÉ COMPAGNIE MINUTE COMMERCE ENFANT PLUME
NANTES STRASBOURG FRANÇAIS EDMOND JOSEPH FAVEUR
SEINE RHÔNE BELGIQUE TABLEAU CHÂLONS MARSEILLE
TOULOUSE BORDEAUX FERDINAND ESPAGNE AUTRICHE
DANEMARCK ANGLETERRE VIOLENCE ÉCOLE ESPÉRANCE
MURAILLE ENFER LOUIS CLOVIS AMOUR.

MEAUX AUGUSTE NAPOLÉON CHARLEMAGNE ALEXANDRE CÉSAR

ANNIBAL SCIPION BONAPARTE PHILIPPE-AUGUSTE SAINT-LOUIS

LAMARTINE RACINE BOILEAU CORNEILLE MONTESQUIEU RICHELIEU

BOSSUET FÉNELON BOURDALOUE MASSILLON PASCAL LA BRUYÈRE.

LECTURE COURANTE.

Adorez Dieu, aimez votre prochain comme vous-mêmes ; tel est, mes enfants, le principal précepte de la loi divine. Adorer Dieu, c'est lui rendre le culte, c'est-à-dire l'hommage, que nous lui devons comme à notre créateur et à notre souverain maître. Pour adorer Dieu il faut observer ses dix commandements ; il faut être juste, vrai, bienfaisant ; il faut éviter de faire du tort à nos semblables et chercher au contraire toutes les occasions de leur faire du bien ; enfin, il faut faire aux autres ce que nous voudrions qu'ils nous fissent à nous-mêmes. En nous conduisant ainsi, non-seulement nous adorerons Dieu, mais nous aimerons notre prochain comme nous-mêmes, et nous goûterons le bonheur qu'on éprouve toujours à accomplir ses devoirs.

Dieu est le créateur de toutes choses ; le ciel, la terre, toutes les créatures visibles et invisibles sont l'œuvre que sa toute-puissante volonté lui a fait accomplir ; il gouverne tout par des lois immuables et pleines de sa sagesse et de sa bonté infinies. Dieu voit tout, il peut tout, il est présent partout ; rien de ce que nous faisons ne lui échappe ; il met toutes nos actions dans la balance de sa justice et les pèse avec la plus grande impartialité.

Dieu ne veut que notre bien ; il veille sur nous et pourvoit à tous nos besoins avec une paternelle sollicitude. Ne l'accusons jamais du mal qui nous arrive ; donnons-nous la peine de réfléchir et nous reconnaîtrons que ce mal n'est que le résultat des fautes que nous avons commises.

Meaux. — Imprimerie J. CARRO.

LECTURE COURANTE.

Nous serons sobres à nos repas, attentifs aux bons conseils, prudents dans nos actions, appliqués à nos devoirs, afin de plaire à Dieu et à nos parents. Je ne veux pas perdre mon temps; le temps est précieux à tout âge : celui qui joue perd son temps. La vie de l'homme est très-courte; Dieu en a compté tous les jours; hâtons-nous de l'employer à faire le bien et à réparer nos fautes : notre bonheur présent et futur dépend du bon usage de la vie. La santé est la fortune la plus précieuse et la seule chose que nous devions demander à Dieu. Le riche malade est plus à plaindre qu'un pauvre robuste et bien portant. L'or, les biens, la gloire, les honneurs peuvent satisfaire l'ambition d'un homme en bonne santé; mais tout cela ne vaut pas pour celui qui souffre, le brin d'herbe qui peut le guérir. Fuyez donc, mes enfants, les jeux et les plaisirs qui peuvent vous faire perdre votre santé.

Savoir gouverner sa langue est chose fort utile; on peut dire que c'est un fait de haute sagesse. N'oublions jamais que la langue est un ennemi dangereux qui nous suit partout et qui est toujours prêt à nuire aux autres et à nous-mêmes. Souvent un mot prononcé légèrement nous cause bien des peines et des chagrins, et nous attire la haine et la vengeance des autres. Vous ne vous tromperez pas beaucoup en disant que la langue fait plus de mal dans le monde que la guerre et le choléra. On n'est véritablement homme que lorsqu'on est maître de sa langue, c'est-à-dire lorsqu'on a assez de discernement pour parler sans nuire à soi-même et à son prochain. Donc avant de parler réfléchissez à ce que vous allez dire : souvenez-vous que tout ce que vous dites doit être vrai, mais que tout ce qui est vrai ne doit pas être dit.

Meaux. —Imprimerie J. CARRO.

LECTURE COURANTE.

Si vous avez de l'ordre et de l'économie, il est bien rare, quel que soit votre état, que vous ne viviez pas dans une modeste aisance. Mais si vous êtes prodigues, si vous ne savez pas borner vos désirs ni régler vos dépenses, craignez que la misère ne vienne un jour frapper à votre porte et prendre domicile chez vous. Prenez donc de bonne heure, mes amis, l'habitude de vous passer de ce dont vous n'avez pas grandement besoin ; faites un sage emploi du fruit de votre travail ; ne dépensez pas votre argent à des choses inutiles ; songez qu'un centime épargné est un centime gagné ; mettez de l'ordre dans vos affaires ; ayez une place pour chaque chose ; ne laissez pas dépérir par négligence vos habits, vos meubles, vos outils, enfin rien de ce que vous possédez ; en vous conduisant de cette manière, si vous ne devenez pas riches vous amasserez au moins cette honnête fortune qui met à l'abri du besoin ; la gaieté et le bonheur viendront s'asseoir à votre foyer, en même temps que vous serez entourés de l'estime que l'on accorde toujours à l'homme d'ordre, d'économie et de travail.

Vous entendrez dire souvent, même à des gens dont la parole semble être une autorité, que le bonheur ne se trouve pas dans ce monde. C'est une erreur malheureusement trop répandue et qui ne produit d'autre effet que celui de porter le découragement dans le cœur de l'homme, au lieu de lui aider à supporter patiemment les peines de la vie. Le sage trouve le bonheur partout, dans la pauvreté comme au sein de l'opulence ; il consiste tout simplement dans l'accomplissement de tous les devoirs que Dieu et notre état nous imposent.

1866

Meaux. — Imprimerie J. CARRO.

LIAISON DES MOTS.

La liaison des mots consiste à faire sonner la consonne finale d'un mot sur la voyelle qui commence le mot suivant ; ainsi, *porter envie - vain orgueil - sentiment élevé - franc ami*, doivent-être prononcés comme s'ils étaient écrits : *porté renvie - vain norgueil sentimen télevé - fran cami*. Le *d* sonne comme un *t* sur la voyelle suivante : *grand-homme - répond-il*, doivent se lire : *gran thomme - répon-t-il*. Les lettres *s* et *x* sonnent comme le *z* ; *des enfants attentifs - des voix étendues*, se prononcent : *dè zenfants zattentifs - des voix zétendues*. Le *g* sonne comme *le k* ; *le sang humain - un long espoir*, se lisent : *san khumain - un lon kespoir*. -- Dans certains mots l'oreille exige que la liaison se fasse avec l'avant-dernière consonne ; ainsi : *vieillard entété - respect à tous - abord aimable*, doivent se prononcer : *vieillard rentété - respect ca tous - abord raimable*. La lettre *f* du mot *neuf* se change en *v* seulement pour la liaison avec un substantif : *neuf ans - neuf hommes*, se prononcent *neu vans, - neu vhommes* ; mais elle se fait sentir dans les autres cas ; *neuf et demi - de neuf en neuf - ils étaient neuf en route, c'étaient neuf insensés, neuf étourdis.*

On évite les liaisons ; 1° lorsqu'elles sont dures à l'oreille, comme dans ces phrases : *il prétend entendre tout - un blond ardent - un champ acheté* ; 2° lorsque les mots sont séparés par un signe de ponctuation ; 3° lorsqu'on peut faire entre les mots une légère pause, bien qu'il n'y ait pas de signe de ponctuation : *il cherche vos chagrins et vous console.* Il peut y avoir un léger repos après *chagrins*, par conséquent la liaison doit être évitée.

PRONONCIATION.

Auxonne	*Auçonne*	chaos	*kaos*	hennir	*a-nir*
abbaye	*abbé-i*	chaldéen	*kaldé-in*	immanquable	*i-manquable*
abdomen	*abdomène*	chœur	*kœur*	Laon	*Lan*
août	*ou*	écho	*éco*	mentor	*mintor*
aquatique	*akouatique*	éden	*edène*	monsieur	*mocieu*
archiépiscopat	*arkiépiscopat*	européen	*europé-in*	messieurs	*mécieu*
archonte	*arkonte*	examen	*examin*	orchestre	*orkestre*
Auxerre	*Ocerre*	équateur	*ékouateur*	pentagone	*pintagone*
Benjamin	*Binjamin*	équation	*ékouation*	Saône	*Sône*
Bruxelles	*Brucelles*	femme	*fame*	spleen	*spline*
choléra	*koléra*	hymen	*i-mène*	taon	*ton*

Meaux. — Imprimerie J. CARRO.